Dieter Breuninger

Anwendung geistiger Ebenen am Beispiel von Corona

AF199093

Anwendung geistiger Ebenen am Beispiel von Corona

Autor: Dieter Breuninger

Bibliografische Information der Deutschen Nationalbibliothek:
Die Deutsche Nationalbibliothek verzeichnet diese Publikation
in der Deutschen Nationalbibliografie,detaillierte bibliografische
Daten sind im Internet über http://dnb.dnb.de abrufbar.

© 2020 Dieter Breuninger
Herstellung und Verlag:
BoD - Books on Demand, Norderstedt

ISBN: 978-3-7519-5459-4

Inhaltsverzeichnis

1. Einleitung

Die Vorstellung, die wir von der Wirklichkeit haben, ist wirklich nur eine Vorstellung. Wir leben in einem sehr menschlichen Mesokosmos, d.h. in einer Welt der für den Menschen anschaulich erfassbaren Objekte. Das naturwissenschaftliche Paradigma für den Mesokosmos ist das Newtonsche Weltbild, auf das Kant gebaut hat und das Hegel und auch Goethe leider ignoriert haben.

Die Quantenphysik und die Relativitätstheorie haben gezeigt, dass unsere mesokosmischen Vorstellungen die äußere Wirklichkeit nicht vollständig erfassen. Logik und Mathematik weisen in ihren Schlüssen darüber hinaus.

Es ist ja auch in der Kognitionswissenschaft so, dass niemand ernsthaft erwartet, die Gedanken Hegels ließen sich beispielsweise auf biologische, chemische oder elektrische Vorgänge zurückführen. Ebenso wenig erklärt die chemische Zusammensetzung von Papier und Tinte den semantischen Inhalt eines beschriebenen Papierblatts.

Ähnliches gilt auch für die Musik. Musik kann nicht auf eine Ableitung von Klang- oder Schwingungsphänomenen reduziert werden, denn zwischen diesen beiden gibt es ein Subjekt, das sich selbst ausdrückt.

Beim Einfluss der "Proteinmusik", die in Kapitel 4 erläutert wird, wirkt nicht die mechanische Schwingung, sondern die Information, die in der Folge der Intervalle von einer Frequenz zur anderen enthalten ist, d.h. in den Daten der sukzessiven Veränderungen der Einheiten, die von einem Subjekt wahrgenommen werden, das diese Töne empfängt. Der Ton ist hier nur das Medium der Information, die auf andere Medien übertragen werden kann.

In Kapitel 2 wird zunächst die Proteinbiosynthese erläutert. Bei dem Inhalt handelt es sich zum größten Teil um Allgemeinwissen, so wie es auch in der Schule behandelt wird. Ich danke hier insbesondere der Internetseite "Serlo" (siehe Literaturverzeichnis und Quellen, Quelle: serlo.org, Lizenz: cc-by-sa-4.0), die das Wissen darüber der Allgemeinheit zur Verfügung stellt. Beim Übernehmen von Bildern musste ich allerdings Änderungen dahingehend machen, dass ich die Bilder "entsättigen", d.h. die Farben in Schwarzweißdarstellung transponieren musste. Außerdem habe ich neue Bildebenen hinzugefügt und die alten entsprechend korrigiert.

Danach geht es in Kapitel 3 um den Aufbau des Coronavirus Sars-CoV-2, bevor wir in Kapitel 4 zu dem zentralen Punkt, nämlich den Patenten von Joël Sternheimer und der Anwendung von geistigen Ebenen kommen. Abschließend soll in Kapitel 5 als Beispiel noch eine einfache Anwendung diskutiert werden.

Dieses Buch ist keine wissenschaftliche Abhandlung, sondern ist eher dem Bereich der Grenzwissenschaften zuzuordnen. Trotzdem soll der Inhalt dieses kleinen Buches mehr sein als bloße Esoterik. Denn wenn man die Hypothese akzeptiert, dass sehr viele geistigen Ebenen existieren, dann wird auch eine mögliche naturwissenschaftliche Sicht und Herangehensweise klar. Für konkrete Anwendungen sind nämlich zunächst die niederen, d.h. erdnahen bzw. erdgebundenen Ebenen, am interessantesten.

2. Proteinbiosynthese von Viren

Dieses einleitende Kapitel soll einen kurzen Überblick über die Proteinbiosynthese und über die Aminosäuren verschaffen.

Proteinbiosynthese bedeutet nichts anderes als die Neubildung von Proteinen. Proteine herzustellen ist für jede Zelle essentiell. Damit das reibungslos funktioniert, gibt es, wie in einer Fabrik, einen genauen Plan, wann welcher Schritt auf welche Weise abläuft. Die komplexe molekulare Maschinen, die zur Herstellung von Proteinen verwendet werden, heißen **Ribosome**. Ihr Einsatz erfolgt während der sogenannten **Translation**.

Der ganze Vorgang der Proteinbiosynthese wird in zwei Phasen eingeteilt:

Die **Transkription** ist die erste Phase und wichtig für die Entstehung und den Transport der mRNA.

Bei der zweiten Phase, der **Translation**, bildet das Ribosom aus der mRNA eine Aminosäurekette.

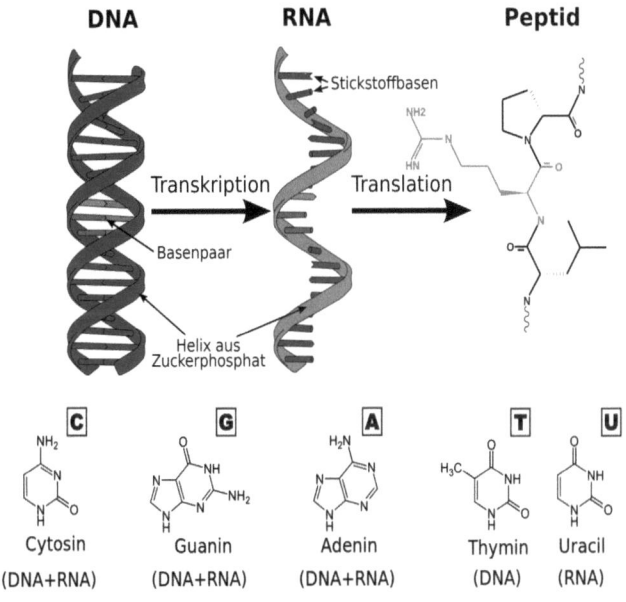

Nukleinbasen

DNA ist die Abkürzung für das englische Wort *deoxyribonucleic acid* (deutsche Bezeichnung: Desoxyribonukleinsäure).

RNA ist die Abkürzung für das englische Wort *ribonucleic acid* (deutsche Bezeichnung: Ribonukleinsäure).

mRNA ist die Kurzform für *messenger RNA*, wird manchmal auch Boten-RNA genannt.

tRNA ist die Kurzform für *Transfer-RNA,* das sind kurze Ribonukleinsäuren (RNA).

2.1 Transkription

Damit ein Gen exprimiert, d.h. in RNA übersetzt werden kann, muss dieser Teil der DNA abgewickelt und von den schützenden Proteinen befreit werden. Ein Enzym, die so genannte DNA-Polymerase, "liest" die DNA (die Basensequenz auf einem der beiden Stränge des DNA-Moleküls) und baut eine einsträngige Kette des RNA-Moleküls als komplementäre, spiegelbildliche Sequenz auf. Es gilt, dass dort, wo ein G in der DNA vorhanden ist, auch ein C in der RNA vorhanden ist und umgekehrt. Anstelle von Thymin enthält die RNA Uracil (U). Wo immer im DNA-Strang ein A vorhanden ist, befindet sich ein U in der RNA, und wo immer ein T auf dem DNA-Molekül vorhanden ist, befindet sich ein A in der RNA.

Sobald das gesamte Gen transkribiert ist, löst sich das RNA-Molekül ab.

Im Gegensatz zur DNA ist das mRNA-Molekül in der Lage, den Kern durch die Poren in der Kernmembran zu verlassen.

2.2 Translation

Drei Arten von RNA sind am Translationsprozess beteiligt: mRNA, die den genetischen Code trägt, rRNA, die bei der Bildung des Ribosoms hilft und tRNA, die einzelne Aminosäuren zum Ribosom bringt. Die Translation wird durch verschiedene Enzyme gesteuert, die spezifische Nukleotidsequenzen erkennen.

Die genetische Sequenz (Nukleotidsequenz eines Gens) wird 3-zu-1 in ein Polypeptid (Aminosäuresequenz eines Proteins) übersetzt. Drei Nukleotide in einer Reihe kodieren für eine Aminosäure, und zwar entsprechend der folgenden Tabelle:

UUU	Phenylalanin	UCU	Serin	UAU	Tyrosin	UGU	Cystein
UUC	Phenylalanin	UCC	Serin	UAC	Tyrosin	UGC	Cystein
UUA	Leucin	UCA	Serin	UAA	**Stop**	UGA	**Stop**
UUG	Leucin	UCG	Serin	UAG	**Stop**	UGG	Tryptophan
CUU	Leucin	CCU	Prolin	CAU	Histidin	CGU	Arginin
CUC	Leucin	CCC	Prolin	CAC	Histidin	CGC	Arginin
CUA	Leucin	CCA	Prolin	CAA	Glutamin	CGA	Arginin
CUG	Leucin	CCG	Prolin	CAG	Glutamin	CGG	Arginin
AUU	Isoleucin	ACU	Threonin	AAU	Asparagin	AGU	Serin
AUC	Isoleucin	ACC	Threonin	AAC	Asparagin	AGC	Serin
AUA	Isoleucin	ACA	Threonin	AAA	Lysin	AGA	Arginin
AUG	Methionin	ACG	Threonin	AAG	Lysin	AGG	Arginin
GUU	Valin	GCU	Alanin	GAU	Asparaginsäure	GGU	Glycin
GUC	Valin	GCC	Alanin	GAC	Asparaginsäure	GGC	Glycin
GUA	Valin	GCA	Alanin	GAA	Glutaminsäure	GGA	Glycin
GUG	Valin	GCG	Alanin	GAG	Glutaminsäure	GGG	Glycin

Die Aminosäure **Methionin**, die von dem Nukleotidtriplett **AUG** codiert wird, fungiert gleichzeitig als Starttriplett (manchmal auch **Startcodon** genannt).

Wenn das Ribosom um ein mRNA-Molekül herum angeordnet ist, beginnt die Translation mit dem Ablesen des ersten Tripletts. Kleine tRNA-Moleküle bringen die einzelnen Aminosäuren ein und binden sie sowohl an die mRNA als auch untereinander und bilden so eine Kette von Aminosäuren. Wenn ein Stoppsignal erreicht wird, dissoziiert der gesamte Komplex. Das Ribosom, die mRNA, die tRNAs und die Enzyme werden dann entweder abgebaut oder für ein weiteres Translationsereignis wiederverwendet.

2.3 Proteinstruktur

Sobald die Synthese der Polypeptidkette abgeschlossen ist, faltet sich die Polypeptidkette und nimmt eine spezifische Struktur an, die es dem Protein ermöglicht, seine Funktionen zu erfüllen. Die Grundform der Proteinstruktur wird als Primärstruktur bezeichnet, die einfach die Polypeptidkette ist, d.h. eine Sequenz von kovalent gebundenen Aminosäuren. Die Primärstruktur eines Proteins wird von einem Gen kodiert. Daher kann jede Änderung in der Sequenz des Gens die Primärstruktur des Proteins und alle nachfolgenden Ebenen der Proteinstruktur verändern, was letztlich die Gesamtstruktur und -funktion verändert.

Die Primärstruktur eines Proteins (die Polypeptidkette) kann sich dann falten oder winden, um die Sekundärstruktur des Proteins zu bilden. Die häufigsten Arten von Sekundärstrukturen sind als Alpha-Helix oder Beta-Folie bekannt, das sind kleine Strukturen, die durch Wasserstoffbrückenbindungen innerhalb der Polypeptidkette entstehen. Diese Sekundärstruktur faltet sich dann, um die Tertiärstruktur des Proteins zu bilden. Die Tertiärstruktur ist die 3D-Gesamtstruktur des Proteins, die aus verschiedenen Sekundärstrukturen besteht, die sich zusammenfalten. In der Tertiärstruktur werden Schlüsselmerkmale des Proteins, z.B. das aktive Zentrum, gefaltet und gebildet, die die Funktion des Proteins ermöglichen. Schließlich können einige Proteine eine komplexe quaternäre Struktur annehmen. Die meisten Proteine bestehen aus einer einzigen Polypeptidkette, einige Proteine setzen sich jedoch aus mehreren Polypeptidketten zusammen, die sich falten und zusammenwirken, um die quaternäre Struktur zu bilden.

2.4 Aminosäuren

Wie bereits bekannt bestehen Proteine aus Untereinheiten, die Aminosäuren genannt werden. Aminosäuren haben die folgende allgemeine chemische Struktur (C = Kohlenstoff, H = Wasserstoff, O = Sauerstoff, N = Stickstoff). Diese Atome sind in funktionelle Gruppen gruppiert. Zwei dieser funktionellen Gruppen definieren die Aminosäuren: die Aminogruppe (das NH_2 links) und die Carboxylgruppe (das COOH rechts).

$$H-N-C-C-OH$$

Es gibt 20 verschiedene Aminosäuren, die in Proteine eingebaut sind. Alle Aminosäuren haben die gleiche allgemeine Struktur, aber jede hat eine andere R-Gruppe - die chemische Gruppe, die im obigen Diagramm durch die Bezeichnung "R" dargestellt wird. Das Kohlenstoffatom, mit dem die R-Gruppe verbunden ist, wird als Alpha-Kohlenstoff bezeichnet.

Aminosäuren werden durch eine chemische Reaktion, bei der ein Wassermolekül entfernt wird, zu Proteinen verbunden, wobei zwei Aminosäurereste (d.h. das, was übrig bleibt, wenn das Wasser entfernt wird) durch eine Peptidbindung verbunden werden. Das Verbinden mehrerer Aminosäuren auf diese Weise erzeugt ein Polypeptid.

Schema der Peptidbindung:

$$H-N-\overset{\overset{\displaystyle H}{|}}{\underset{\underset{\displaystyle R}{|}}{C}}-\overset{\overset{\displaystyle O}{\|}}{C}-OH \qquad H-N-\overset{\overset{\displaystyle H}{|}}{\underset{\underset{\displaystyle R}{|}}{C}}-\overset{\overset{\displaystyle O}{\|}}{C}-OH$$

Bei dieser Reaktion bleibt das C der Carboxylgruppe direkt mit dem N der Aminogruppe verbunden. Diese verknüpfte Gruppe von Atomen (CONH) wird als Peptidbindung bezeichnet. Polypeptide können als eine Reihe von Alpha-Kohlenstoffen angesehen werden, die sich mit Peptidbindungen abwechseln. Da jeder Alpha-Kohlenstoff an eine R-Gruppe gebunden ist, unterscheidet sich ein gegebenes Polypeptid durch die Sequenz seiner R-Gruppen. In den Proteindatenbanken wird jede R-Gruppe durch einen einzelnen Buchstaben des Alphabets dargestellt.

A = Alanin	I = Isoleucin	Q = Glutamin
C = Cystein	K = Lysin	R = Arginin
D = Asparaginsäure	L = Leucin	S = Serin
E = Glutaminsäure	M = Methionin	T = Threonin
F = Phenylalanin	N = Asparagin	V = Valin
G = Glycin	P = Prolin	W = Tryptophan
H = Histidin		Y = Tyrosin

Aminosäure-R-Gruppen können in vier Familien unterteilt werden: **wasserunlöslich (hydrophob)**, **wasserlöslich (hydrophil)**, **positiv geladen** und **negativ geladen** (beide sehr hydrophil). Die kleine Aminosäure **Glycin** ist ein Sonderfall, da sie effektiv keine R-Gruppe, sondern stattdessen nur ein Wasserstoffatom hat.

Strukturformel von Glycin:

$$H-N-\overset{\overset{\displaystyle H}{|}}{\underset{\underset{\displaystyle H}{|}}{C}}-\overset{\overset{\displaystyle O}{\|}}{C}-OH$$

2.5 Die Proteinbiosynthese von RNA-Viren

Viren können sich nicht selbstständig vermehren und brauchen zum Überleben immer ein anderes Lebewesen, d.h. für Proteinbiosynthese wird ausschließlich die zelluläre Maschinerie genutzt. Deshalb befallen sie fremde Wirtszellen, in die sie ihr eigenes Erbgut einschleusen. Sobald sie also in den menschlichen Körper eingedrungen und an die Wirtszelle angedockt sind, beginnt ein Prozess des Umprogrammierens. Die Wirtszelle produziert weitere Viren, die sich sogleich auf die Suche nach neuen Wirtszellen machen, und stirbt danach ab. Bei diesem Vermehrungsprozess können Zellen im menschlichen Körper zerstört werden – oder die körpereigene Abwehr beseitigt die befallenen Zellen.

Schema der Virusvermehrung:

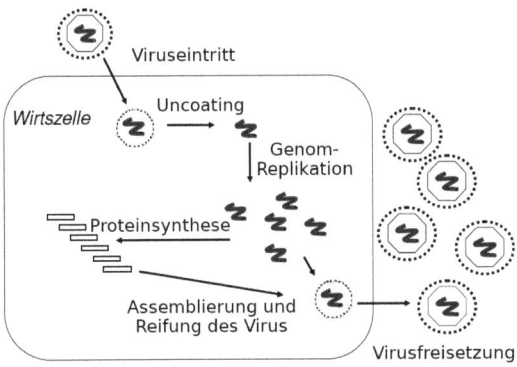

Bemerkung: Als **Uncoating** bezeichnet man in der Virologie die Freisetzung der viralen Nukleinsäure aus dem Nukleokapsid nach dem Eintritt in die Wirtszelle.

Das war hier nur eine kurze Zusammenfassung. Ausführlichere Beschreibungen zu dieser Thematik findet man z.B. auf YouTube oder Wikipedia.

3. Aufbau des Coronavirus Sars-CoV-2

Das Virus Sars-CoV-2 ist ein RNA-Virus. Es besteht im Wesentlichen aus drei Komponenten:

- die umgebende **Virushülle** ist eine vorhandene äußere Struktur, die aus Lipiden einer Lipid-Doppelmembran der ursprünglichen Wirtszelle und darin eingelagerten viralen Proteinen besteht;

- das **Spike-Protein** befindet sich an der Oberfläche der Virushülle, es ist eine multifunktionale molekulare Maschine, die den Eintritt von Coronaviren in Wirtszellen vermittelt;

- dem **Nukleokapsid,** das sich aus dem RNA-Genom und der Proteinhülle zusammensetzt. Es enthält Informationen über den Aufbau des Virus sowie RNA-Sequenzen; beim Coronavirus Sars-CoV-2 hat es die Form einer Helix.

Das folgende Bild zeigt den Aufbau von einem Coronavirus (Sars-CoV-2):

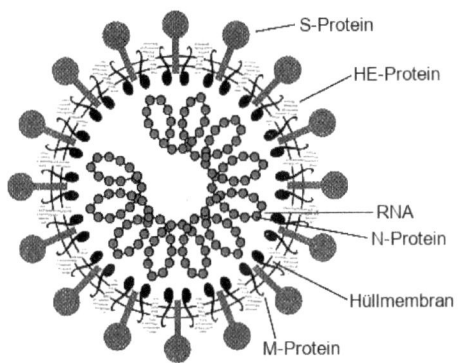

Nukleoproteine (N-Proteine) sind Proteine, die an Nukleinsäuren (in diesem Fall an RNA) binden.

Die Hüllenproteine Matrix-Protein (M-Protein), Hämoglobin-Esterase-Protein (HE-Protein) und das Struktur- bzw. Hüllprotein (E-Protein, "envelope") sorgen einerseits für Stabilität, andererseits bewirken sie, dass sich die Membran öffnet, wenn das Virus an eine Wirtszelle angedockt hat.

Auf dem Spike-Glykoprotein (S-Protein) sitzt jeweils ein Rezeptor, der im Falle von Sars-CoV-2 an eine ACE2-Einheit auf den Zellen der Schleimhäute andocken kann.

3.1 Details zu den Proteinstrukturen

Am Beginn dieses Abschnitts sollen einige Begriffe erläutert werden.

Ein **Virion** ist ein einzelnes Viruspartikel, das sich außerhalb einer Zelle befindet.

Apoptose ist ein streng geregelter physiologischer Vorgang, eine Art "Zellselbstmord", der für die Entwicklung, Erhaltung und das Altern vielzelliger Organismen eine wichtige Rolle spielt und bei dem einzelne Zellen planmäßig eliminiert werden.

Ein **offener Leserahmen** (englisch: **open reading frame, ORF**) ist in der Genetik derjenige Bereich der DNA bzw. mRNA, der sich zwischen einem Startcodon und einem Stopcodon befindet. Der offene Leserahmen codiert somit die Aminosäuresequenz eines Proteins bzw. Peptids. Er wird von nicht-codierenden Bereichen des Gens umgeben.

Das Virusgenom von Sars-CoV-2 kann in 10 Proteine übersetzt werden, bei denen es sich um Open-Reading-Frame-Proteine (ORF), Nichtstrukturproteine (NSP) und Strukturproteine (S, E, M, N) handelt.

Covid-19 Protein 1 - ORF1ab-Polyprotein

Dieses Polyprotein ist massiv und sehr wichtig. Es setzt sich aus mehreren einzelnen Proteinen zusammen und wird genetisch von einem einzigen offenen Leserahmen (ORF) kodiert, ohne dass die einzelnen Genabschnitte, die für die Einzelproteine stehen, durch ein Stopcodon getrennt sind.

Die einzelnen Proteine haben viele Funktionen unter anderem:

- Spaltung der RNA-Ketten der Wirtszelle, dabei werden Basenpaare zwischen zwei RNA-Strängen getrennt und Sekundärstrukturen von Nukleinsäuren aufgelöst

- Duplizierung vollständiger Kopien von sich selbst, d.h. Replikation des viralen RNA-Genoms

- Bindung von Adenosintriphosphat, das drei über Anhydridbindungen gebundene, energiereiche Phosphatreste enthält und damit als Hauptenergiespeicher innerhalb von Zellen dient

- Induktion der Wirtsautophagie, die Autophagie ist ein intrazellulärer Prozess, bei dem zelleigenes zytosolisches Material wie fehlgefaltete Proteine oder beschädigte Zellorganellen abgebaut werden.

- Transkription, DNA-gestempelt

- Verarbeitung viraler Proteine

- Verschleierung der Virus-RNA gegenüber den Erkennungsmechanismen der Wirtszelle durch Modifikation der 5'-Kappe der viralen mRNA

- Immunevasion, darunter versteht man einen Vorgang, bei dem sich das Virus mit Hilfe von spezifischen Mechanismen oder Mutationen einer Erkennung durch das Immunsystem entzieht

Aminosäuresequenz:
(siehe Anhang)

Protein 2 - Oberflächen-Glykoprotein (S-Protein, "spike")

Dieses Protein hat eine strukturelle Rolle, es ist ein Glykoprotein. Es befindet sich an der Oberfläche der Virushülle und fungiert als molekulares Signal. Es wird als eine Spitze an der Hülle des Virus gesehen. Studien zeigen, dass dieses Protein sehr gut mutieren kann. Kurz gesagt, es bindet das Virion an die Zellmembran, indem es mit dem Wirtsrezeptor interagiert und so die Infektion auslöst.

Aminosäuresequenz:

MFVFLVLLPLVSSQCVNLTTRTQLPPAYTNSFTRGVYYPDKVFRSSVLHSTQDLFLPFFSNVTWFHAIHVSGTNGTKR
FDNPVLPFNDGVYFASTEKSNIIRGWIFGTTLDSKTQSLLIVNNATNVVIKVCEFQFCNDPFLGVYYHKNNKSWMES
EFRVYSSANNCTFEYVSQPFLMDLEGKQGNFKNLREFVFKNIDGYFKIYSKHTPINLVRDLPQGFSALEPLVDLPIGIN
ITRFQTLLALHRSYLTPGDSSSGWTAGAAAYYVGYLQPRTFLLKYNENGTITDAVDCALDPLSETKCTLKSFTVEKGIY
QTSNFRVQPTESIVRFPNITNLCPFGEVFNATRFASVYAWNRKRISNCVADYSVLYNSASFSTFKCYGVSPTKLNDLC
FTNVYADSFVIRGDEVRQIAPGQTGKIADYNYKLPDDFTGCVIAWNSNNLDSKVGGNYNYLYRLFRKSNLKPFERDI
STEIYQAGSTPCNGVEGFNCYFPLQSYGFQPTNGVGYQPYRVVVLSFELLHAPATVCGPKKSTNLVKNKCVNFNFNG
LTGTGVLTESNKKFLPFQQFGRDIADTTDAVRDPQTLEILDITPCSFGGVSVITPGTNTSNQVAVLYQDVNCTEVPVAI
HADQLTPTWRVYSTGSNVFQTRAGCLIGAEHVNNSYECDIPIGAGICASYQTQTNSPRRARSVASQSIIAYTMSLGA
ENSVAYSNNSIAIPTNFTISVTTEILPVSMTKTSVDCTMYICGDSTECSNLLLQYGSFCTQLNRALTGIAVEQDKNTQE
VFAQVKQIYKTPPIKDFGGFNFSQILPDPSKPSKRSFIEDLLFNKVTLADAGFIKQYGDCLGDIAARDLICAQKFNGLT
VLPPLLTDEMIAQYTSALLAGTITSGWTFGAGAALQIPFAMQMAYRFNGIGVTQNVLYENQKLIANQFNSAIGKIQDS
LSSTASALGKLQDVVNQNAQALNTLVKQLSSNFGAISSVLNDILSRLDKVEAEVQIDRLITGRLQSLQTYVTQQLIRA
AEIRASANLAATKMSECVLGQSKRVDFCGKGYHLMSFPQSAPHGVVFLHVTYVPAQEKNFTTAPAICHDGKAHFPRE
GVFVSNGTHWFVTQRNFYEPQIITTDNTFVSGNCDVVIGIVNNTVYDPLQPELDSFKEELDKYFKNHTSPDVDLGDI
SGINASVVNIQKEIDRLNEVAKNLNESLIDLQELGKYEQYIKWPWYIWLGFIAGLIAIVMVTIMLCCMTSCCSCLKGC
CSCGSCCKFDEDDSEPVLKGVKLHYT

Protein 3 - ORF3a-Protein

Das ORF3a-Protein bildet Viroporine, das sind virale Proteine, die die zelluläre Membran modifizieren, um dadurch die Virusfreisetzung aus infizierten Zellen zu erleichtern. Viroporine können sich zu Ionenkanälen oder Poren in der Membran der Wirtszelle zusammen lagern und diese durchlässiger machen. Außerdem reguliert es die Expression von Fibrinogen in Wirt-Lungenepithelzellen hoch. Fibrinogen ist ein Gerinnungseiweiß und der wesentliche Baustein für Blutgerinnsel. Es induziert Apoptose in der Zellkultur. Das SARS Coronavirus 3a-Protein induziert eine Herunterregulierung des Typ-1-Interferonrezeptors. Typ-1-Interferone sind eine große Subgruppe der Interferone, welche die Aktivität des Immunsystems regulieren. Interferone sind Proteine oder Glykoproteine, die eine immunstimulierende, vor allem antivirale und antitumorale Wirkung entfalten. Sie werden als körpereigene Gewebshormone in menschlichen und tierischen Zellen gebildet, vor allem von Leukozyten (weiße Blutkörperchen, z. B. T-Lymphozyten, Monozyten) und Fibroblasten.

Aminosäuresequenz:

MDLFMRIFTIGTVTLKQGEIKDATPSDFVRATATIPIQASLPFGWLIVGVALLAVFQSASKIITLKKRWQLALSKGVHF
VCNLLLLFVTVYSHLLLVAAGLEAPFLYLYALVYFLQSINFVRIIMRLWLCWKCRSKNPLLYDANYFLCWHTNCYDYCIP
YNSVTSSIVITSGDGTTSPISEHDYQIGGYTEKWESGVKDCVVLHSYFTSDYYQLYSTQLSTDTGVEHVTFFIYNKIV
DEPEEHVQIHTIDGSSGVVNPVMEPIYDEPTTTTSVPL

Protein 4 - Struktur- bzw. Hüllprotein (E-Protein, "envelope")

Dieses Protein spielt eine zentrale Rolle bei der Morphogenese und Assemblierung von Viren. Es wirkt als Viroporin und ordnet sich in Wirtsmembranen selbst an und bildet pentamere Protein-Lipid-Poren, die den Ionentransport ermöglichen. Es spielt auch eine Rolle bei der Induktion von Apoptose.

Aminosäuresequenz:

MYSFVSEETGTLIVNSVLLFLAFVVFLLVTLAILTALRLCAYCCNIVNVSLVKPSFYVYSRVKNLNSSRVPDLLV

Protein 5 - Membran-Glykoprotein (M-Protein, "matrix")

Dieses Protein ist wie die meisten anderen an den strukturellen Aspekten des Virus beteiligt. Es ist Bestandteil der Virushülle, der über seine Wechselwirkungen mit anderen viralen Proteinen eine zentrale Rolle bei der Virusmorphogenese und -assemblierung spielt.

17

Aminosäuresequenz:

MADSNGTITVEELKKLLEQWNLVIGFLFLTWICLLQFAYANRNRFLYIIKLIFLWLLWPVTLACFVLAAVYRINWITGGI
AIAMACLVGLMWLSYFIASFRLFARTRSMWSFNPETNILLNVPLHGTILTRPLLESELVIGAVILRGHLRIAGHHLGRC
DIKDLPKEITVATSRTLSYYKLGASQRVAGDSGFAAYSRYRIGNYKLNTDHSSSSDNIALLVQ

Protein 6 - ORF6-Protein

Dieses Protein könnte eine Determinante der Virusvirulenz sein, da es, wenn es in einem ansonsten abgeschwächten Stamm des mausspezifischen Coronavirus exprimiert wird, dessen Letalität dramatisch erhöhen kann. Es scheint die zelluläre DNA-Synthese in vitro zu stimulieren.

Aminosäuresequenz:

MFHLVDFQVTIAEILLIIMRTFKVSIWNLDYIINLIIKNLSKSLTENKYSQLDEEQPMEID

Protein 7 - ORF7a-Protein

Dies ist ein nicht strukturelles Protein, das für die Virusreplikation in der Zellkultur entbehrlich ist. Mit anderen Worten, wir wissen nicht, wofür dieses verwendet wird, aber es scheint in der Lage zu sein, mit den anderen viralen Proteinen zu interagieren.

Aminosäuresequenz:

MKIILFLALITLATCELYHYQECVRGTTVLLKEPCSSGTYEGNSPFHPLADNKFALTCFSTQFAFACPDGVKHVYQLRAR
SVSPKLFIRQEEVQELYSPIFLIVAAIVFITLCFTLKRKTE

Protein 8 - ORF8-Protein

Dies ist ein nicht strukturelles Protein. Wir wissen nicht viel darüber.

Aminosäuresequenz:

MKFLVFLGIITTVAAFHQECSLQSCTQHQPYVVDDPCPIHFYSKWYIRVGARKSAPLIELCVDEAGSKSPIQYIDIGNY
TVSCLPFTINCQEPKLGSLVVRCSFYEDFLEYHDVRVVLDFI

Protein 9 - Nukleokapsid-Phosphoprotein (N-Protein, "nucleoprotein")

Dieses Nukleokapsid-Phosphoprotein ist ein Strukturprotein. Es verpackt die positive Genom-RNA des positiven Strangs in ein helikales Ribonukleokapsid (RNP) und spielt eine grundlegende Rolle bei der Virion-Assemblierung durch seine Wechselwirkungen mit dem viralen Genom und dem Membranprotein M. Außerdem spielt es eine wichtige Rolle bei der Verbesserung der Effizienz der Transkription subgenomischer viraler RNA sowie bei der viralen Replikation.

Aminosäuresequenz:

MSDNGPQNQRNAPRITFGGPSDSTGSNQNGERSGARSKQRRPQGLPNNTASWFTALTQHGKEDLKFPRGQGVPI
NTNSSPDDQIGYYRRATRRIRGGDGKMKDLSPRWYFYYLGTGPEAGLPYGANKDGIIWVATEGALNTPKDHIGTRN
PANNAAIVLQLPQGTTLPKGFYAEGSRGGSQASSRSSSRSRNSSRNSTPGSSRGTSPARMAGNGGDAALALLLLDR
LNQLESKMSGKGQQQQGQTVTKKSAAEASKKPRQKRTATKAYNVTQAFGRRGPEQTQGNFGDQELIRQGTDYKH
WPQIAQFAPSASAFFGMSRIGMEVTPSGTWLTYTGAIKLDDKDPNFKDQVILLNKHIDAYKTFPPTEPKKDKKKKAD
ETQALPQRQKKQQTVTLLPAADLDDFSKQLQQSMSSADSTQA

Protein 10 - ORF10-Protein

Dieses Protein scheint an der Virusreplikation beteiligt zu sein. Es gibt noch nicht viele Informationen zum Thema ORF10.

Aminosäuresequenz:

MGYINVFAFPFTIYSLLLCRMNSRNYIAQVDVVNFNLT

Die genetische Varianz von SARS-CoV-2 ist im Vergleich zu anderen RNA-Viren relativ gering, da Coronaviren wegen ihres größeren und komplexen Genoms sehr wahrscheinlich über eine Transkriptionsfehlerkorrektur verfügen. Im Rahmen der Virusmutation kommt es vor allem zu Einzelnukleotid-Polymorphismen, die nicht-synonym oder synonym sein können, d.h. einen Aminosäurewechsel nach sich ziehen oder nicht.

4. Stimulierung oder Hemmung der Biosynthese

In diesem Kapitel geht es um die Patente des französischen Physikers Joël Sternheimer (siehe Literaturverzeichnis und Quellen). Nach der Theorie von Joël Sternheimer kann man aus der Aminosäuresequenz eines Proteins eine Melodie, manchmal auch **Proteodie** genannt, ableiten, die die Synthese des entsprechenden Proteins innerhalb eines Organismus stimuliert oder hemmt. Tiere und Pflanzen synthetisieren eine Reihe von Proteinen in ihrem Körper. Während des Syntheseprozesses sendet jedes entstehende Protein eine Reihe von quantenmechanischen Signalen aus, die mit der Aminosäuresequenz verbunden sind. Durch Dekodierung der Signale und ihre Umwandlung in hörbare Töne erhält man für jedes Protein eine eigene Melodie, die insgesamt als "Proteinmusik" bezeichnet wird. Wenn die Proteinmusik wiederum in der Nähe von Tieren oder Pflanzen gespielt wird, wird die Synthese des entsprechenden Proteins durch eine Art Resonanzphänomen gesteuert. Dies ist der wesentliche Unterschied zwischen der Proteinmusik und der vom Menschen komponierten Musik. Diese Entdeckung hat zahlreiche Anwendungen.

4.1 Zusammenfassung der Erfindung von Joël Sternheimer

Der im nachfolgenden Text verwendete Begriff der "Elongation" muss noch erklärt werden. Elongation kommt in der Proteinbiosynthese sowohl bei der Transkription wie auch bei der Translation vor. Bei der Transkription wird während der Elongation der Großteil des DNA-Stranges in eine mRNA kopiert. Die Elongation bei der Translation behandelt den Prozess der Verlängerung der Aminosäurekette während der Synthese eines Proteins.

Im Folgenden präsentiere ich nun eine Übersetzung von einem Auszug aus der Patentschrift US 2002/0177186 vom 28. Nov. 2002 (siehe Literaturverzeichnis und Quellen):

"Die Methode der Erfindung besteht darin, die mit einer Aminosäuresequenz verbundenen Musiknoten, die Musikperioden der Sequenz, die Länge der Noten und die Tonqualität der Noten durch die Rückwirkung der Aminosäuren zu bestimmen und diese Informationen zur Regulierung der Biosynthese des Proteins zu verwenden.

Anders ausgedrückt, die Aminosäuren, die ein Protein bilden, emittieren ein Signal von Quantennatur mit einer bestimmten Frequenz. Den Eigenschaften dieses Signals folgend wird die Frequenz so in eine Musiknote transponiert, dass das Abspielen der Melodie eines Proteins dessen Synthese stimuliert oder hemmt. Diese Entdeckung hat zahlreiche Anwendungen, da die Ableitung der Aminosäuresequenz eines Proteins eine Sequenz von Noten liefert, aus denen die Melodie besteht, die auf ihre Synthese innerhalb eines Organismus einwirkt. Indem man also die Musik eines Proteins, das eine wichtige Rolle bei der Blüte spielt, an eine Pflanze verteilt, werden mehr Blüten produziert.

Wissenschaftlicher ausgedrückt, nutzt die Methode dieser Erfindung die regulierende Wirkung auf die Biosynthese von Proteinen durch Skalenresonanz von Transpositionen in Schall von zeitlichen Sequenzen von Quantenschwingungen, die mit ihrer Elongation verbunden sind. Diese Wirkung kann eine Erhöhung der Syntheserate oder eine Verringerung dieser Rate sein, abhängig davon, ob die Modulation der verwendeten Schwingungsfrequenzen in Phase mit oder in Phase entgegengesetzt zur Elongation erfolgt. Dies gilt sowohl für die Quantenschwingungen als auch für deren Umsetzung in Schall. Das Ergebnis wird weiter stabilisiert durch die ebenfalls durch Skalenresonanz bewirkten Farblicht-Transpositionen von gruppierten Quantenschwingungen, die sich aus der räumlichen Konformation von Proteinen ergeben, die aus dieser Elongation hervorgehen.

Diese Methode gilt in spezifischer Weise für jedes Protein mit bekannter Struktur. Ihre Anwendung ist um so angemessener, wenn die Synthese dieses Proteins noch stärker von epigenetischen Faktoren abhängt, d.h. von Faktoren, die außerhalb der DNA des Systems liegen, zu dem es gehört, und insbesondere im vorliegenden Fall von akustischen und elektromagnetischen Faktoren. Darüber hinaus verwendet die Methode die Bestimmung von metabolischen Agonismen und Antagonismen dieser Proteine aufgrund von Skalenresonanzphänomenen, die natürlich mit ihrer Biosynthese verbunden sind. Die Charakterisierung dieser Proteine in ihren assoziierten metabolischen Untergruppen ist ein weiteres Merkmal der vorliegenden Erfindung.

Die Identifizierung von Proteinen, die als Teil einer gegebenen Anwendung reguliert werden sollen, schließt andere Kriterien ein, z.B. die Übereinstimmung zwischen akustischen und elektromagnetischen Phänomenen oder welche Effekte auf Lebewesen und die transponierten Proteinsequenzen beobachtet werden können."

4.2 Erklärung der Wirkungsweise des Patents

Joël Sternheimer erwähnt in seiner Patentschrift die de Broglie-Wellenlänge. Die de Broglie-Beziehung, auch als de Broglie-Impuls-Wellenlängen-Beziehung bekannt, verallgemeinert die Planck-Einstein-Beziehung $E = h\nu$ zu Materiewellen. Durch Division mit 2^{68} - das entspricht 68 Oktaven - kann man erreichen, dass sich die aus der Formel $\nu = E/h$ ergebenden Teilchen-Frequenzen im hörbaren Bereich befinden. Dabei ist
$h = 6,625 * 10^{-34}$ J sec $= 4,134 * 10^{-21}$ MeV sec das **Plancksche Wirkungsquantum**.

Wenn man nun die Ruhe-Energie durch die Konstante $h*2^{68} = 1,22066$ MeV sec dividiert, kann man die folgende Tabelle mit hörbaren Frequenzen zu bestimmten Elementarteilchen aufstellen:

Teilchen	Ruhe-Energie E_0	Frequenz: $\nu_{neu} = E/(h*2^{68})$
Proton	938,28 MeV	768,67 Hertz
Neutron	939,547 MeV	769,704 Hertz
Omega (Ω^-)	1672,22 MeV	1369,931 Hertz
Xi (Ξ^-, Ξ^0)	1318,11 MeV	1079,834 Hertz
Sigma (Σ^+, Σ^-, Σ^0)	1193,06 MeV	977,39 Hertz
Lambda (Λ)	1115,60 MeV	913,93 Hertz
Nukleon (p)	938,92 MeV	769,19 Hertz
K-Meson (K^+, K^-, K^0)	493,67 MeV	404,43 Hertz
π-Meson (π^+, π^-, π^0)	139,57 MeV	114,34 Hertz
Myon (μ^-, μ^+)	105,659 MeV	86,559 Hertz
ideales Teilchen	2000 MeV (=2GeV)	1638,458 Hertz

Da das Elektron eine wesentlich kleinere Ruhe-Energie (= Ruhe-Masse * c^2) als die in der Tabelle aufgeführten Teilchen hat, ergibt sich die Frequenz des Elektrons im hörbaren Bereich durch die Formel $\nu_{neu} = E/(h*2^{58})$). Aus der Ruhe-Energie 0,511 MeV des Elektrons ergibt sich somit die Frequenz 428,673 Hertz. Zum Vergleich: Der Kammerton a' hat eine Frequenz von 440 Hertz.

Genau genommen ist die Materie auf verschiedenen Ebenen organisiert. Ausgehend von der unteren Ebene der Teilchen kommt man zu den höheren Ebenen der Atome, Moleküle und der biologischen Prozesse. Ebenen spielen eine große Rolle in der physischen, aber mehr noch in der geistigen Welt. Auch die Zeichnungen in diesem Buch bestehen aus sehr vielen Ebenen. Denn wenn ich ein Bild zeichne, besteht meine Hauptbeschäftigung darin, Ebenen zu verschieben und zu manipulieren. Früher war das vielleicht ja anders.

Wenn sich die einzelnen Teilchen zu komplexeren Atomen und Molekülen zusammenfügen, werden auch die dazugehörenden Wellenbeziehungen, die sich aus dem Dualismus Welle <——> Korpuskel bzw. den de Broglie'schen Materiewellen ergeben, immer komplexer. Man erhält damit die zu den materiellen Ebenen parallelen bzw. dualen Ebenen, die eng mit den materiellen Ebenen verbunden sind. Parallel zu der Prozessebene, in der die Proteinbiosynthese stattfindet, existiert eine Ebene, die ich als Organisationsebene oder Informationsebene bezeichnen will, die die genauen Bau- und Ablaufpläne zur Prozessebene enthält. Die folgende Zeichnung soll das veranschaulichen:

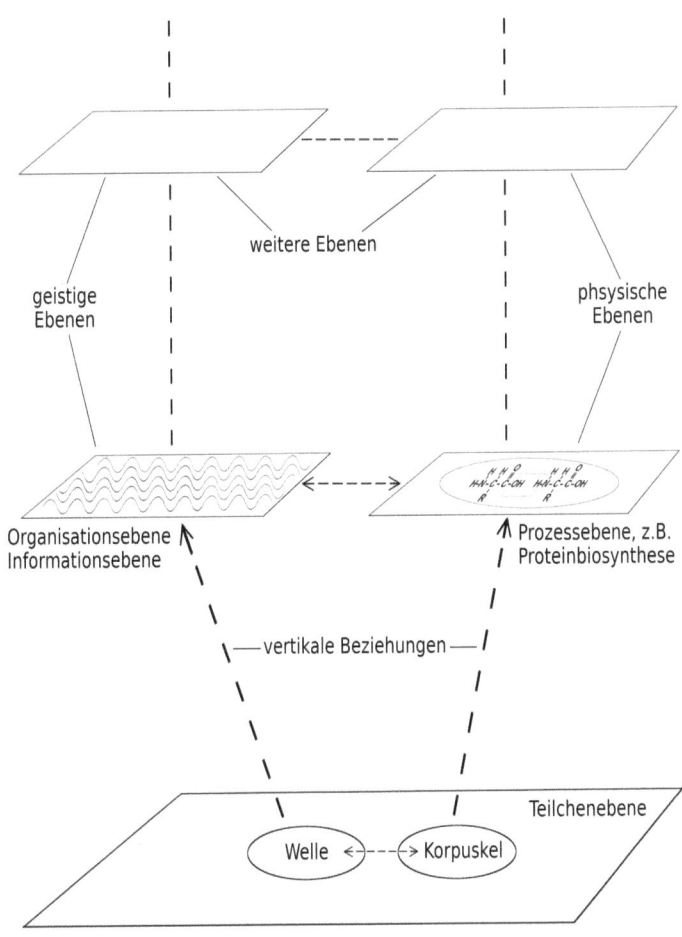

Die Proteinmusik entfaltet ihre Wirksamkeit also vor allem innerhalb der Organisationsebe-ne bzw. Informationsebene. Beim Einfluss der Proteinmusik auf die Organisationsebene wirkt nicht die mechanische Schwingung, sondern die Information, die in der Folge der In-tervalle von einer Frequenz zur anderen enthalten ist, d.h. in den Daten der sukzessiven Veränderungen der Einheiten. Die Melodie ist hier nur das Medium der Information, die auf andere Medien übertragen werden kann.

4.3 Beispiel: Landkarte

Als ein anderes und vielleicht einfacheres Beispiel für den Begriff der geistigen Ebenen kann man eine ganz normale Landkarte oder einen Stadtplan wählen. Um die Sache noch weiter zu vereinfachen, kann man annehmen, dass ein Stadtplan oder eine Landkarte aus bunt bedrucktem Papier besteht. Dann veranschaulicht das folgende Diagramm die ver-schiedenen Ebenen und die Beziehungen dazwischen:

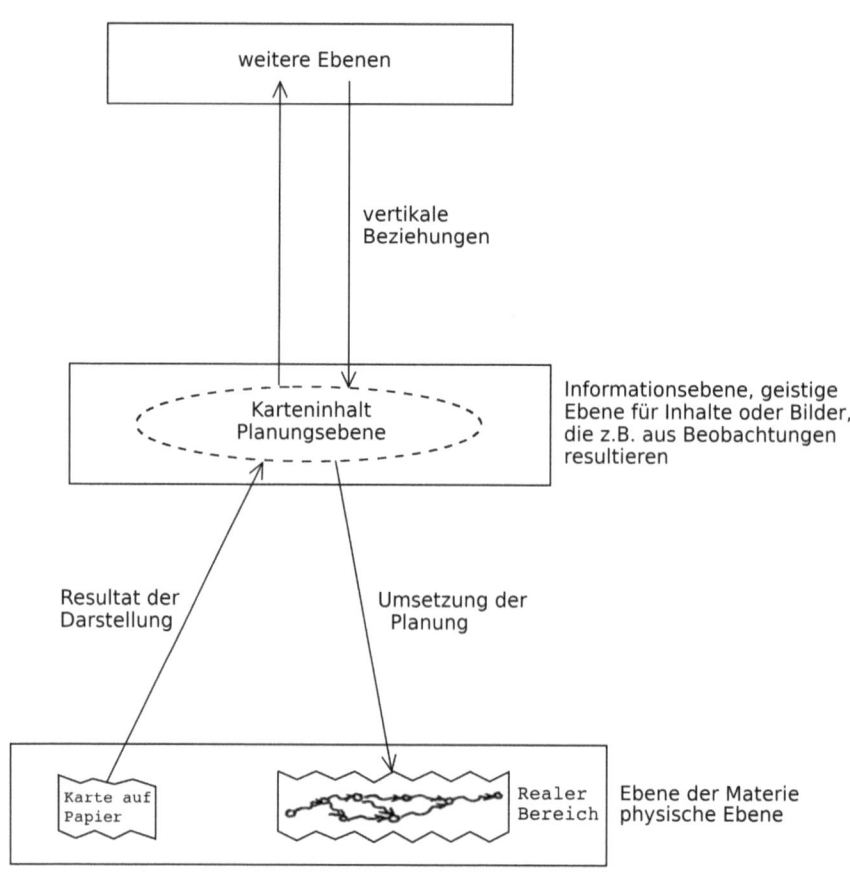

24

Zur Erklärung des Bildes betrachten wir den folgenden Handlungsablauf:

Angenommen wir planen eine Fahrt von A nach B. Dann schauen wir zunächst auf die Karte und legen die Route von A nach B fest. Das ist in diesem Fall gewissermaßen die oberste Planungsebene, d.h. die Route ergibt sich aus dem Inhalt der Karte. Wenn wir die Fahrt dann tatsächlich durchführen, bewegen wir uns in einem realen Bereich außerhalb der physischen Karte. Man hat also zwei unterschiedliche physische Bereiche einmal die Karte und dann die Gegend, durch die die Route führt. Diese unterschiedlichen Bereiche müssen über den Karteninhalt verbunden werden, der sich in einer übergeordneten geistigen Ebene befindet.

Dieses Beispiel zeigt, dass es auch für unsere Vorstellungen und Anschauungen verschiedene Ebenen gibt.

5. Perl-Skript zur Generierung von Proteodie-Dateien

Um das im letzten Kapitel Beschriebene anzuwenden, soll jetzt ein Verfahren vorgestellt werden, das aus einer Eingabedatei mit den Buchstaben einer DNA-Sequenz die passende MIDI-Datei generiert, und zwar mit Hilfe eines Perl-Skripts.

Der Aufruf des Perl-Skripts erfolgt über den folgenden Linux-Befehl in einem Terminalfenster:

```
perl DNA-Musik.pl Eingabedatei Ausgabedatei (Instrumentnr.)
```

(die Angabe der Instrumentnr. ist optional, standardmäßig ist das Instrument mit der Nummer 4 eingestellt.)

Leider klingt die erzeugte Musik bei vielen Instrumenten absolut scheußlich. Für diese Instrumente muss das Skript entsprechend angepasst werden. Näheres wird im Quellcode beschrieben (siehe Anhang).

Der Aufruf muss in dem Verzeichnis erfolgen, in dem sich die Datei "DNA-Musik.pl" und die Eingabedatei befinden. Bei meinen praktischen Versuchen habe ich die Eingabedateien von der Webseite des NCBI (National Center for Biotechnology Information) kopiert. Wenn das Perl-Skript die Eingabedatei nicht findet, erfolgt eine Fehlermeldung. Außerdem erwartet des Programm eine Parameterdatei mit dem festen Namen "DNA-Parameter".

Programmablauf:

- zuerst wird die Anzahl der eingegebenen Parameter überprüft
- danach wird die Parameterdatei mit dem fest codierten Namen "DNA-Parameter" eingelesen und in die Liste @*liste* übertragen
- anschließend wird die Liste @*events* initialisiert und mit den Anfangswerten gefüllt
- dann wird die Eingabedatei geöffnet
- die einzelnen Buchstaben aus der Aminosäuresequenz-Datei (Eingabedatei) werden eingelesen, in die entsprechende Note transponiert und in die Liste @*events* eingetragen
- wenn das Einlesen beendet ist, wird die Eingabedatei geschlossen und die Ausgabedatei (im MIDI-Format) mit Hilfe der Liste @*events* erstellt.

5.1 Die Parameterdatei "DNA-Parameter"

Wie bereits erwähnt, erwartet das Perl-Skript als Eingabedatei die Textdatei die "DNA-Parameter". In dieser Datei werden den DNA-Sequenzen gewisse Noten zugeordnet. Laut der Patentschrift gibt es für jede Aminosäure jeweils eine Note, die die Proteinbiosynthese stimuliert und eine andere Note, die diese hemmt.

Man kann diese Umsetzung durch die Zeichnung auf der nächsten Seite veranschaulichen:

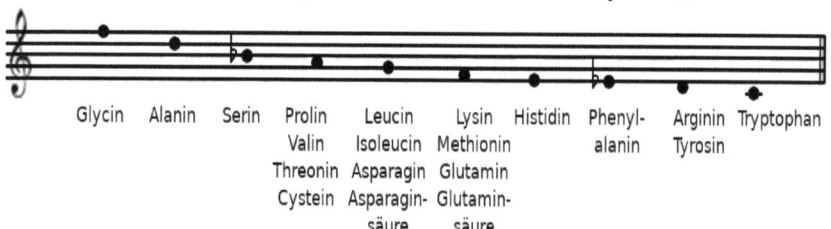

Noten zur Hemmung (Inhibition) der Proteinbiosynthese

Für diese Umsetzung ist die Tabelle "DNA-Parameter" zuständig.

Wie auch in den Kommentaren der Tabelle erwähnt, müssen die Aminosäuren alphabetisch geordnet (A,C,D,...) und vollständig sein. Die Notennummern entsprechen den MIDI-Notennummern.

Nach den bisherigen Erkenntnissen erhält man damit die folgende Datei ("#" sind Kommentarzeilen):

```
## ======================
## Dateiname: DNA-Parameter
## ======================
##
## Liste aller Aminosäuren in alphabetischer Reihenfolge
## ===========================================================
##
## Die Zeitdauer einer Note beträgt immer 328 Millisekunden,
## das entspricht ungefähr einer Viertelnote.
##
## ==================
## Inhibition(Hemmung)
## ==================
##
## Die Aminosäuren müssen alphabetisch geordnet (A,C,D,...)
## und vollständig sein.
## Die Notennummern entsprechen den MIDI-Notennummern.
##
# -------------------------------------------
# Noten-
# Nr.   # Aminosäure   Note
# ----  # ----------   ----------------------
   74   # A  ala       d"       -- Alanin
   69   # C  cys       a'       -- Cystein
   67   # D  asp       g'       -- Asparaginsäure
   65   # E  glu       f'       -- Glutaminsäure
   63   # F  phe       es'      -- Phenylalanin
   77   # G  gly       f"       -- Glycin
   64   # H  his       e'       -- Histidin
```

```
67   # I  ile   g'   -- Isoleucin
65   # K  lys   f'   -- Lysin
67   # L  leu   g'   -- Leucin
65   # M  met   f'   -- Methionin
67   # N  asn   g'   -- Asparagin
69   # P  pro   a'   -- Prolin
65   # Q  gln   f'   -- Glutamin
62   # R  arg   d'   -- Arginin
70   # S  ser   b'   -- Serin
69   # T  thr   a'   -- Threonin
69   # V  val   a'   -- Valin
60   # W  trp   c'   -- Tryptophan
62   # Y  tyr   d'   -- Tyrosin
#
#### Dateiende ####
```

Man könnte die Parameterdatei noch dadurch erweitern, dass man zusätzlich zur Notenhöhe auch die Zeitdauer der Note angibt. Dann muss natürlich auch der Quellcode des Perl-Skripts entsprechend geändert werden.

5.2 Anwendung auf das Coronavirus

Nun kann man dieses Verfahren bzw. das Perl-Skript auf die in Kapitel 3 beschriebenen Proteine des Coronavirus Sars-CoV-2 anwenden.

Covid-19 Protein 1 - ORF1ab-Polyprotein

Dieses Protein ist kein sicheres Ziel für die Hemmung der Synthese. Die Möglichkeit, dass die Sequenz einigen wichtigen genetischen Merkmalen des Menschen entspricht, ist hoch. Die Hemmung dieses Proteins unter Verwendung von Proteinmusik kann auch die Hemmung von Abwehrmechanismen auslösen.

Länge: 7.096 Aminosäuren, Dauer: 38 Minuten, 47 Sekunden

Protein 2 - Oberflächen-Glykoprotein (S-Protein, "spike")

Länge: 1.273 Aminosäuren, Dauer: 6 Minuten, 57 Sekunden

Protein 3 - ORF3a-Protein

Länge: 275 Aminosäuren, Dauer: 1 Minute, 30 Sekunden

Protein 4 - Struktur- bzw. Hüllprotein (E-Protein, "envelope")

Länge: 75 Aminosäuren, Dauer: 24 Sekunden

Protein 5 - Membran-Glykoprotein (M-Protein, "matrix")

Länge: 222 Aminosäuren, Dauer: 1 Minute, 12 Sekunden

Protein 6 - ORF6-Protein

Länge: 61 Aminosäuren, Dauer: 20 Sekunden

Protein 7 - ORF7a-Protein

Länge: 121 Aminosäuren, Dauer: 39 Sekunden

Protein 8 - ORF8-Protein

Länge: 121 Aminosäuren, Dauer: 39 Sekunden

Protein 9 - Nukleokapsid-Phosphoprotein (N-Protein, "nucleoprotein")

Länge: 419 Aminosäuren, Dauer: 2 Minuten, 17 Sekunden

Protein 10 - ORF10-Protein

Länge: 38 Aminosäuren, Dauer: 12 Sekunden

Warnung:

Die Tonsequenzen können die Gesundheit des Menschen beeinträchtigen.

Das beschriebene Perl-Skript läuft zwar zunächst nur unter Linux. Aber mit geringfügigen Anpassungen ist es auch auf den diversen Windows-Systemen oder mit anderen Programmiersprachen lauffähig. Außerdem sind z.B. auch unter GitHub ähnliche Programme verfügbar.

Wie man sieht, ist das Erzeugen der Musikdateien (Proteodie-Dateien) relativ einfach. Allerdings ist das Verfahren zur Zeit noch durch ein Patent von Joël Sternheimer geschützt.

6. Literaturverzeichnis und Quellen

6.1 Patente und Patentanmeldungen von Joël Sternheimer

- Patentameldung FR 2541024: Method for the musical modelling of elementary particles and applications (Procédé de modelisation acoustique de particules élémentaires, modèles ainsi obtenus, instruments et moyens pour leur mise en œuvre, et applications de ce procédé et des propriétés musicales de la matière á la fusion nucléaire industrielle). Auch angemeldet als EP 0137802 und WO 8403165. Veröffentlichungsdatum: 16. August 1984 (Anmeldung gilt als zurückgenommen)

- Patent FR 2565016: Guitar-type stringed instrument for the acoustic modelling of elementary particles. Erfinder: Sternheimer Joel; Flejo Philippe; Favino Jean-Pierre; Trebuchet Jean-Claude. Veröffentlichungsdatum: 26. Dezember 1986

- Patentanmeldung US 2002/0177186: Method for the regulation of protein biosynthesis. Veröffentlichungsdatum: 28. November 2002

- Patent EP 0648275: Method for the epigenetic regulation of protein biosynthesis by scale resonance (Frz. Titel: Procédé de régulation épigénétique de la biosynthèse des protéines par résonance d'échelle. Dt. Titel: Methode zur epigenetischen Regelung der Protein-Biosynthese durch Wellen-Resonanz). Veröffentlichungsdatum: 28. November 2002. Auch angemeldet als AT 371748, AU 4330493, AU 679181, CA 2136737, DE 69334164, EP 0648275, ES 2293634, FR 2691976, IL 105855, JP 7507287, OA 10113, RU 2113487, WO 9324645.

6.2 Andere Quellen

- Antwerpes, Frank, Fink, Bijan & Joss, Philippe (2020): *Sars-CoV-2*, DocCheck Flexikon, [online] https://flexikon.doccheck.com/de/Sars-CoV-2 [27. Mai 2020].

- Applied Biophysics Aether Research Laboratory (k.A.): *Joel Sternheimer: DNA Music*, [online] https://sites.google.com/site/appliedbiophysicsresearch/sound/joel-sternheimer-dna-music [27. Mai 2020].

- Breuninger, Dieter (1993): *Das physikalische Jenseits, Definition und Existenz-beweis*, Haag + Herchen Verlag, Frankfurt am Main, ISBN 3-89228-961-1.

- Breuninger, Dieter (2002): *Hegels Wissenschaft der Logik, Mathematik und Naturwissenschaften*, GRIN Verlag, München und Ravensburg, ISBN 978-3-640-13416-8.

- Burke, Sean (k.A.): *MIDI-Perl: Reading and Writing MIDI in Perl*, Interglacial, [online] http://interglacial.com/~sburke/midi-perl [27. Mai 2020].

- Burke, Sean (k.A.): *MIDI::Simple - procedural/OOP interface for MIDI composition - metacpan.org*, Comprehensive Perl Archive Network (CPAN), [online] https://metacpan.org/pod/MIDI::Simple [27. Mai 2020].

- Burke, Sean & Conklin, Darrell (k.A.): *MIDI - read, compose, modify, and write MIDI files - metacpan.org*, Comprehensive Perl Archive Network (CPAN), [online] https://metacpan.org/pod/MIDI [27. Mai 2020].

- Burke, Sean & Conklin, Darrell (k.A.): *MIDI::Score - MIDI scores - metacpan.org,* Comprehensive Perl Archive Network (CPAN), [online] https://metacpan.org/pod/MIDI::Score [27. Mai 2020].

- Clark, Mac (k.A.): *A protein primer: a musical introduction to protein structure,* [online] http://whozoo.org/mac/Music/Primer/Primer_index.htm [26. Mai 2020].

- Clark, Mac (k.A.): *Genetic Music: Music Samples,* [online] http://whozoo.org/mac/Music/samples.htm [27. Mai 2020].

- DeepL (k.A.): *DeepL Übersetzer,* [online] https://www.deepl.com/translate [27. Mai 2020]

- Jakob, Werner (k.A.): *Dateiaufbau,* Werner's Homepage, [online] http://jakob-werner.de/Midi/Dateiaufbau.htm [27. Mai 2020].

- Jakob, Werner (k.A.): *Tabellen,* Werner's Homepage, [online] http://jakob-werner.de/Midi/Tabellen.htm [27. Mai 2020].

- Kräusslich, Hans-Georg (24. April 2007): *Virusgenome und virale Replikationsstrategien,* [online] https://www.klinikum.uni-heidelberg.de/fileadmin/inst_hygiene/molekulare_virologie/PDF/SS07/ss07_03_virusgenome.pdf [27. Mai 2020].

- NCBI (k.A.): *Severe acute respiratory syndrome coronavirus 2 isolate Wuhan-Hu-1, co - Nucleotide - NCBI,* [online] https://www.ncbi.nlm.nih.gov/nuccore/MN908947?fbclid=IwAR27SgZ_PwsMjiMT6duFheUyQG7K8dpx-QvzORdqGRmK5i4sVkZ8TiTvPqI [27. Mai 2020].

- Psiram (12. Juli 2015): *Quantenmusik nach Sternheimer,* [online] https://www.psiram.com/de/index.php/Quantenmusik_nach_Sternheimer [27. Mai 2020].

- Rex Research (k.A.): *Joel Sternheimer -- Protein Music -- French Patent # 2,136,737,* [online] http://rexresearch.com/sternheimer/sternheimer.htm [27. Mai 2020].

- RTL Gesundheitslexikon (5. November 2019): *Proteinbiosynthese,* [online] https://www.rtl.de/cms/gesundheitslexikon-proteinbiosynthese-4047245.html [26. Mai 2020].

- Serlo (k.A.): *Proteinbiosynthese: Proteine herstellen – lernen mit Serlo,* [online] https://de.serlo.org/biologie/genetik-gentechnik/dna-genetik-molekuelebene/proteinbiosynthese-proteine-herstellen [26. Mai 2020].

- Spektrum (1999): *Coronaviren - Lexikon der Biologie,* Spektrum Akademischer Verlag, Heidelberg, [online] https://www.spektrum.de/lexikon/biologie/coronaviren/15358 [26. Mai 2020].

- Wikipedia (25. Mai 2020): *Protein biosynthesis - Wikipedia,* [online] https://en.wikipedia.org/wiki/Protein_biosynthesis#Post-translational_modifications [3. Juni 2020].

- Wikipedia (14. April 2020): *Musical Instrument Digital Interface – Wikipedia,* [online] https://de.wikipedia.org/wiki/Musical_Instrument_Digital_Interface [27. Mai 2020].

- Wikipedia (29. März 2020): *Genetischer Code – Wikipedia,* [online] https://de.wikipedia.org/wiki/Genetischer_Code [27. Mai 2020].

- Zivkovic, Bora (20. August 2011): *BIO101 - Protein Synthesis: Transcription and Translation,* [online] https://blogs.scientificamerican.com/a-blog-around-the-clock/bio101-protein-synthesis-transcription-and-translation/ [3. Juni 2020].

7. Anhang

7.1 Aminosäuresequenz von Protein 1

MESLVPGFNEKTHVQLSLPVLQVRDVLVRGFGDSVEEVLSEARQHLKDGTCGLVEVEKGVLPQLEQPYVFIKRSDAR
TAPHGHVMVELVAELEGIQYGRSGETLGVLVPHVGEIPVAYRKVLLRKNGNKGAGGHSYGADLKSFDLGDELGTDPY
EDFQENWNTKHSSGVTRELMRELNGGAYTRYVDNNFCGPDGYPLECIKDLLARAGKASCTLSEQLDFIDTKRGVYC
CREHEHEIAWYTERSEKSYELQTPFEIKLAKKFDTFNGECPNFVFPLNSIIKTIQPRVEKKKLDGFMGRIRSVYPVASP
NECNQMCLSTLMKCDHCGETSWQTGDFVKATCEFCGTENLTKEGATTCGYLPQNAVVKIYCPACHNSEVGPEHSLA
EYHNESGLKTILRKGGRTIAFGGCVFSYVGCHNKCAYWVPRASANIGCNHTGVVGEGSEGLNDNLLEILQKEKVNIN
IVGDFKLNEEIAIILASFSASTSAFVETVKGLDYKAFKQIVESCGNFKVTKGKAKKGAWNIGEQKSILSPLYAFASEAA
RVVRSIFSRTLETAQNSVRVLQKAAITILDGISQYSLRLIDAMMFTSDLATNNLVVMAYITGGVVQLTSQWLTNIFGTV
YEKLKPVLDWLEEKFKEGVEFLRDGWEIVKFISTCACEIVGGQIVTCAKEIKESVQTFFKLVNKFLALCADSIIIGGAK
LKALNLGETFVTHSKGLYRKCVKSREETGLLMPLKAPKEIIFLEGETLPTEVLTEEVVLKTGDLQPLEQPTSEAVEAPLV
GTPVCINGLMLLEIKDTEKYCALAPNMMVTNNTFTLKGGAPTKVTFGDDTVIEVQGYKSVNITFELDERIDKVLNEKC
SAYTVELGTEVNEFACVVADAVIKTLQPVSELLTPLGIDLDEWSMATYYLFDESGEFKLASHMYCSFYPPDEDEEEGD
CEEEEFEPSTQYEYGTEDDYQGKPLEFGATSAALQPEEEQEEDWLDDDSQQTVGQQDGSEDNQTTTIQTIVEVQPQ
LEMELTPVVQTIEVNSFSGYLKLTDNVYIKNADIVEEAKKVKPTVVVNAANVYLKHGGGVAGALNKATNNAMQVESD
DYIATNGPLKVGGSCVLSGHNLAKHCLHVVGPNVNKGEDIQLLKSAYENFNQHEVLLAPLLSAGIFGADPIHSLRVC
VDTVRTNVYLAVFDKNLYDKLVSSFLEMKSEKQVEQKIAEIPKEEVKPFITESKPSVEQRKQDDKKIKACVEEVTTTLE
ETKFLTENLLLYIDINGNLHPDSATLVSDIDITFLKKDAPYIVGDVVQEGVLTAVVIPTKKAGGTTEMLAKALRKVPTDN
YITTYPGQGLNGYTVEEAKTVLKKCKSAFYILPSIISNEKQEILGTVSWNLREMLAHAEETRKLMPVCVETKAIVSTIQ
RKYKGIKIQEGVVDYGARFYFYTSKTTVASLINTLNDLNETLVTMPLGYVTHGLNLEEAARYMRSLKVPATVSVSSPD
AVTAYNGYLTSSSKTPEEHFIETISLAGSYKDWSYSGQSTQLGIEFLKRGDKSVYYTSNPTTFHLDGEVITFDNLKTLL
SLREVRTIKVFTTVDNINLHTQVVDMSMTYGQQFGPTYLDGADVTKIKPHNSHEGKTFYVLPNDDTLRVEAFEYYHT
TDPSFLGRYMSALNHTKKWKYPQVNGLTSIKWADNNCYLATALLTLQQIELKFNPPALQDAYYRARAGEAANFCALIL
AYCNKTVGELGDVRETMSYLFQHANLDSCKRVLNVVCKTCGQQQTTLKGVEAVMYMGTLSYEQFKKGVQIPCTCG
KQATKYLVQQESPFVMMSAPPAQYELKHGTFTCASEYTGNYQCGHYKHITSKETLYCIDGALLTKSSEYKGPITDVFY
KENSYTTTIKPVTYKLDGVVCTEIDPKLDNYYKKDNSYFTEQPIDLVPNQPYPNASFDNFKFVCDNIKFADDLNQLTGY
KKPASRELKVTFFPDLNGDVVAIDYKHYTPSFKKGAKLLHKPIVWHVNNATNKATYKPNTWCIRCLWSTKPVETSNS
FDVLKSEDAQGMDNLACEDLKPVSEEVVENPTIQKDVLECNVKTTEVVGDIILKPANNSLKITEEVGHTDLMAAYVD
NSSLTIKKPNELSRVLGLKTLATHGLAAVNSVPWDTIANYAKPFLNKVVSTTTNIVTRCLNRVCTNYMPYFFTLLLQLC
TFTRSTNSRIKASMPTTIAKNTVKSVGKFCLEASFNYLKSPNFSKLINIIIWFLLLSVCLGSLIYSTAALGVLMSNLGMP
SYCTGYREGYLNSTNVTIATYCTGSIPCSVCLSGLDSLDTYPSLETIQITISSFKWDLTAFGLVAEWFLAYILFTRFFYVL
GLAAIMQLFFSYFAVHFISNSWLMWLIINLVQMAPISAMVRMYIFFASFYYVWKSYVHVVDGCNSSTCMMCYKRNR
ATRVECTTIVNGVRRSFYVYANGGKGFCKLHNWNCVNCDTFCAGSTFISDEVARDLSLQFKRPINPTDQSSYIVDSV
TVKNGSIHLYFDKAGQKTYERHSLSHFVNLDNLRANNTKGSLPINVIVFDGKSKCEESSAKSASVYYSQLMCQPILLL
DQALVSDVGDSAEVAVKMFDAYVNTFSSTFNVPMEKLKTLVATAEAELAKNVSLDNVLSTFISAARQGFVDSDVETK
DVVECLKLSHQSDIEVTGDSCNNYMLTYNKVENMTPRDLGACIDCSARHINAQVAKSHNIALIWNVKDFMSLSEQL
RKQIRSAAKKNNLPFKLTCATTRQVVNVVTTKIALKGGKIVNNWLKQLIKVTLVFLFVAAIFYLITPVHVMSKHTDFSS
EIIGYKAIDGGVTRDIASTDTCFANKHADFDTWFSQRGGSYTNDKACPLIAAVITREVGFVVPGLPGTILRTTNGDFL
HFLPRVFSAVGNICYTPSKLIEYTDFATSACVLAAECTIFKDASGKPVPYCYDTNVLEGSVAYESLRPDTRYVLMDGSII
QFPNTYLEGSVRVVTTFDSEYCRHGTCERSEAGVCVSTSGRWVLNNDYYRSLPGVFCDAVNLLTNMFTPLIQPIG
ALDISASIVAGGIVAIVVTCLAYYFMRFRRAFGEYSHVVAFNTLLFLMSFTVLCLTPVYSFLPGVYSVIYLYLTFYLTNDV
SFLAHIQWMVMFTPLVPFWITIAYIICISTKHFYWFFSNYLKRRVVFNGVSFSTFEEAALCTFLLNKEMYLKLRSDVLLP
LTQYNRYLALYNKYKYFSGAMDTTSYREAACCHLAKALNDFSNSGSDVLYQPPQTSITSAVLQSGFRKMAFPSGKVE
GCMVQVTCGTTTLNGLWLDDVVYCPRHVICTSEDMLNPNYEDLLIRKSNHNFLVQAGNVQLRVIGHSMQNCVLKLK
VDTANPKTPKYKFVRIQPGQTFSVLACYNGSPSGVYQCAMRPNFTIKGSFLNGSCGSVGFNIDYDCVSFCYMHHME
LPTGVHAGTDLEGNFYGPFVDRQTAQAAGTDTTITVNVLAWLYAAVINGDRWFLNRFTTTLNDFNLVAMKYNYEPLT
QDHVDILGPLSAQTGIAVLDMCASLKELLQNGMNGRTILGSALLEDEFTPFDVVRQCSGVTFQSAVKRTIKGTHHWL
LLTILTSLLVLVQSTQWSLFFFLYENAFLPFAMGIIAMSAFAMMFVKHKHAFLCLFLLPSLATVAYFNMVYMPASWVMRI
MTWLDMVDTSLSGFKLKDCVMYASAVVLLILMTARTVYDDGARRVWTLMNVLTLVYKVYYGNALDQAISMWALIIS
VTSNYSGVVTTVMFLARGIVFMCVEYCPIFFITGNTLQCIMLVYCFLGYFCTCYFGLFCLLNRYFRLTLGVYDVLVSTQE
FRYMNSQGLLPPKNSIDAFKLNIKLLGVGGKPCIKVATVQSKMSDVKCTSVVLLSVLQQLRVESSSKLWAQCVQLHN
DILLAKDTTEAFEKMVSLLSVLLSMQGAVDINKLCEEMLDNRATLQAIASEFSSLPSYAAFATAQEAYEQAVANGDSE
VVLKKLKKSLNVAKSEFDRDAAMQRKLEKMADQAMTQMYKQARSEDKRAKVTSAMQTMLFTMLRKLDNDALNNII
NNARDGCVPLNIIPLTTAAKLMVVIPDYNTYKNTCDGTTFTYASALWEIQQVVDADSKIVQLSEISMDNSPNLAWPLI
VTALRANSAVKLQNNELSPVALRQMSCAAGTTQTACTDDNALAYYNTTKGGRFVLALLSDLQDLKWARFPKSDGTG
TIYTELEPPCRFVTDTPKGPKVKYLYFIKGLNNLNRGMVLGSLAATVRLQAGNATEVPANSTVLSFCAFAVDAAKAYKD

37

YLASGGQPITNCVKMLCTHTGTGQAITVTPEANMDQESFGGASCCLYCRCHIDHPNPKGFCDLKGKYVQIPTTCAN
DPVGFTLKNTVCTVCGMWKGYGCSCDQLREPMLQSADAQSFLNRVCGVSAARLTPCGTGTSTDVVYRAFDIYNDK
VAGFAKFLKTNCCRFQEKDEDDNLIDSYFVVKRHTFSNYQHEETIYNLLKDCPAVAKHDFFKFRIDGDMVPHISRQRL
TKYTMADLVYALRHFDEGNCDTLKEILVTYNCCDDDYFNKKDWYDFVENPDILRVYANLGERVRQALLKTVQFCDAM
RNAGIVGVLTLDNQDLNGNWYDFGDFIQTTPGSGVPVVDSYYSLLMPILTLTRALTAESHVDTDLTKPYIKWDLLKYD
FTEERLKLFDRYFKYWDQTYHPNCVNCLDDRCILHCANFNVLFSTVFPPTSFGPLVRKIFVDGVPFVVSTGYHFRELG
VVHNQDVNLHSSRLSFKELLVYAADPAMHAASGNLLLDKRTTCFSVAALTNNVAFQTVKPGNFNKDFYDFAVSKGFF
KEGSSVELKHFFFAQDGNAAISDYDYYRYNLPTMCDIRQLLFVVEVVDKYFDCYDGGCINANQVIVNNLDKSAGFPF
NKWGKARLYYDSMSYEDQDALFAYTKRNVIPTITQMNLKYAISAKNRARTVAGVSICSTMTNRQFHQKLLKSIAATR
GATVVIGTSKFYGGWHNMLKTVYSDVENPHLMGWDYPKCDRAMPNMLRIMASLVLARKHTTCCSLSHRFYRLANE
CAQVLSEMVMCGGSLYVKPGGTSSGDATTAYANSVFNICQAVTANVNALLSTDGNKIADKYVRNLQHRLYECLYRNR
DVDTDFVNEFYAYLRKHFSMMILSDDAVVCFNSTYASQGLVASIKNFKSVLYYQNNVFMSEAKCWTETDLTKGPHEF
CSQHTMLVKQGDDYVYLPYPDPSRILGAGCFVDDIVKTDGTLMIERFVSLAIDAYPLTKHPNQEYADVFHLYLQYIRKL
HDELTGHMLDMYSVMLTNDNTSRYWEPEFYEAMYTPHTVLQAVGACVLCNSQTSLRCGACIRRPFLCCKCCYDHVI
STSHKLVLSVNPYVCNAPGCDVTDVTQLYLGGMSYYCKSHKPPISFPLCANGQVFGLYKNTCVGSDNVTDFNAIATC
DWTNAGDYILANTCTERLKLFAAETLKATEETFKLSYGIATVREVLSDRELHLSWEVGKPRPPLNRNYVFTGYRVTKN
SKVQIGEYTFEKGDYGDAVVYRGTTTYKLNVGDYFVLTSHTVMPLSAPTLVPQEHYVRITGLYPTLNISDEFSSNVANY
QKVGMQKYSTLQGPPGTGKSHFAIGLALYYPSARIVYTACSHAAVDALCEKALKYLPIDKCSRIIPARARVECFDKFKV
NSTLEQYVFCTVNALPETTADIVVFDEISMATNYDLSVVNARLRAKHYVYIGDPAQLPAPRTLLTKGTLEPEYFNSVCR
LMKTIGPDMFLGTCRRCPAEIVDTVSALVYDNKLKAHKDKSAQCFKMFYKGVITHDVSSAINRPQIGVVREFLTRNPA
WRKAVFISPYNSQNAVASKILGLPTQTVDSSQGSEYDYVIFTQTTETAHSCNVNRFNVAITRAKVGILCIMSDRDLYD
KLQFTSLEIPRRNVATLQAENVTGLFKDCSKVITGLHPTQAPTHLSVDTKFKTEGLCVDIPGIPKDMTYRRLISMMGF
KMNYQVNGYPNMFITREEAIRHVRAWIGFDVEGCHATREAVGTNLPLQLGFSTGVNLVAVPTGYVDTPNNTDFSRVS
AKPPPGDQFKHLIPLMYKGLPWNVVRIKIVQMLSDTLKNLSDRVVFVLWAHGFELTSMKYFVKIGPERTCCLCDRRAT
CFSTASDTYACWHHSIGFDYVYNPFMIDVQQWGFTGNLQSNHDLYCQVHGNAHVASCDAIMTRCLAVHECFVKRV
DWTIEYPIIGDELKINAACRKVQHMVVKAALLADKFPVLHDIGNPKAIKCVPQADVEWKFYDAQPCSDKAYKIEELFY
SYATHSDKFTDGVCLFWNCNVDRYPANSIVCRFDTRVLSNLNLPGCDGGSLYVNKHAFHTPAFDKSAFVNLKQLPFF
YYSDSPCESHGKQVVSDIDYVPLKSATCITRCNLGGAVCRHHANEYRLYLDAYNMMISAGFSLWVYKQFDTYNLWN
TFTRLQSLENVAFNVVNKGHFDGQQGEVPVSIINNTVYTKVDGVDVELFENKTTLPVNVAFELWAKRNIKPVPEVKIL
NNLGVDIAANTVIWDYKRDAPAHISTIGVCSMTDIAKKPTETICAPLTVFFDGRVDGQVDLFRNARNGVLITEGSVK
GLQPSVGPKQASLNGVTLIGEAVKTQFNYYKKVDGVVQQLPETYFTQSRNLQEFKPRSQMEIDFLELAMDEFIERYK
LEGYAFEHIVYGDFSHSQLGGLHLLIGLAKRFKESPFELEDFIPMDSTVKNYFITDAQTGSSKCVCSVIDLLLDDFVEII
KSQDLSVVSKVVKVTIDYTEISFMLWCKDGHVETFYPKLQSSQAWQPGVAMPNLYKMQRMLLEKCDLQNYGDSAT
LPKGIMMNVAKYTQLCQYLNTLTLAVPYNMRVIIFGAGSDKGVAPGTAVLRQWLPTGTLLVDSDLNDFVSDADSTLI
GDCATVHTANKWDLIISDMYDPKTKNVTKENDSKEGFFTYICGFIQQKLALGGSVAIKITEHSWNADLYKLMGHFA
WWTAFVTNVNASSSEAFLIGCNYLGKPREQIDGYVMHANYIFWRNTNPIQLSSYSLFDMSKFPLKLRGTAVMSLKEG
QINDMILSLLSKGRLIIRENNRVVISSDVLVNN

7.2 Quellcode des Perl-Skripts "DNA-Musik.pl"

```perl
#!/usr/bin/perl -w
##############################################################################
# (c) Dieter Breuninger 2020
#
# Aufgabe: Erstellung einer MIDI-Datei anhand der Eingabedatei 'Sequence'
# Aufruf:  perl DNA-Musik.pl Eingabedatei Ausgabedatei (Instrumentnr.)
#          die Angabe der Instrumentnr. ist optional
#
##############################################################################
use strict;
use warnings;
use MIDI;

my $ch        = "";
my $muster    = "";
my $index     = 0;
my $note      = 0;
my $instrument = 4;

## Kommandoeingabe überprüfen
# print $#ARGV,"\n";
die "##### $0 requires at least two arguments!! #####\n" if $#ARGV < 1;

$instrument = $ARGV[2] if $#ARGV > 1;

my $string = "ACDEFGHIKLMNPQRSTVWY";
#my @list1 =
('A','C','D','E','F','G','H','I','K','L','M','N','P','Q','R','S','T','V','W
','Y');
my @liste  = ();

read_liste();       # einlesen von @liste

##############################################################################
###
# Die MIDI-Events werden im package MIDI::Event, d.h. in der Datei
'Event.pm',
# erklärt, und zwar in den Zeilen 1014 bis 1044
##############################################################################
###
my @events = (
# ['set_tempo', 0, 450_000], # 1qn = .45 seconds
  ['set_tempo', 0, 328_000], # 1qn = .328 seconds
  #('control_change', dtime, channel, controller(0-127), value(0-127))
  ['control_change', 0, 0,  7, 127],
  #('patch_change', dtime , channel , patch )
  ['patch_change', 0, 0, $instrument],  # z.B. 19 = Rock Organ,  20 =
Church Organ
  ['control_change', 0, 0, 10,  64],

  #('text_event', I<dtime>, I<text>)
  ['text_event',0, 'TEST'],
);
```

39

```perl
open(Sequence, $ARGV[0] ) || die "Can't open file \"$ARGV[0]\"\n";

while(defined($ch = getc Sequence)) {
#     print $ch;
    $muster = $ch;
    pos($string) = 0;
    if ($string =~ m/$muster/g) {
        $index = pos($string);
        $index--;
        $note = $liste[$index];
        push @events,
        # normaler Tickparameter = 96
        #('note_on',  dtime, channel, note, velocity)
        #('note_off', dtime, channel, note, velocity)
        ['note_on', 96, 0, $note, 127],
        ['note_off', 0, 0, 0, 0],;
        #['note_off',0, 0, $note,0],; # für z.B. Orgel, d.h. Musik-
        # instrumente, die bei Tastendruck einen permanenten Ton erzeugen
    }
}
close(Sequence);

## MIDI-Datei erstellen
my $music_track = MIDI::Track->new({ 'events' => \@events });
my $opus = MIDI::Opus->new(
 { 'format' => 0, 'ticks' => 96, 'tracks' => [ $music_track ] } );

print "Letzter Index: $#events\n";

$opus->write_to_file( $ARGV[1] );

sub read_liste {
##############################################################
# Einlesen der Datei "DNA-Parameter" in @liste
##############################################################
# lokale Variablen
my $line      = "";
my $dna_param = 0;

open(Liste, "<DNA-Parameter") || die "Can't open file \"DNA-Parameter\"\n";

while(defined($line = readline Liste)) {
  $line =~ s/ //g; #  alle Leerzeichen entfernen
  #print "$line";

  # Operator m = match für suchen
  if ($line ne "" && $line ne "\n" && $line !~ m/^#/)
  {
      $line =~ s/#.*//g;      #  Kommentare entfernen
      $line =~ s/\\n//g;      #  '\n' entfernen
      $dna_param = int($line);
      push(@liste, $dna_param);
  }
}
close(Liste);
}
```